Liebe deinen Nächsten so schnell du kannst.

LIEBER INTIM ALS IN PETTO

Sponti-Sprüche
No. 5
Herausgegeben von
Eduard Moriz

Illustriert von Rolf Kutschera
Kopflinie: W. P. Küttner

Eichborn Verlag

Nachts ist's kälter als draussen

CIP-Kurztitelaufnahme der Deutschen Bibliothek
Sponti-Sprüche / hrsg. von Eduard Moriz. -
Frankfurt am Main: Eichborn
Teilw. ges. von Willi Hau
NE: Hau, Willi [Hrsg.]; Moriz, Eduard [Hrsg.]
No. 5. Lieber intim als in petto. — 1984
(5-Mark-Bücher)
ISBN 3-8218-1934-0

September 1984 · Coverfoto: Astrid Lenke · Gesamtherstellung:
Fuldaer Verlagsanstalt GmbH · ISBN 3-8218-1934-0
Verlagsverzeichnis schickt gern:
Eichborn Verlag, D-6000 Frankfurt 70

Vorwort

„Eine archaische Form von Literatur: Zaubersprüche der Spontis", schrieb Tante ‚Zeit'.

Na, wer sagt's denn.

Als wir eines Tages 1981 den Titel ‚Sponti-Sprüche' erfanden, ahnte kein Mensch, welch Erfolg diese Büchlein haben würden. Es war das erste Jahr unseres neuen Verlages.

Inzwischen gibt es Neider zuhauf, längst auch verquaste Uni-Untersuchungen, nicht zuletzt abkupfernde Kollegen anderer Verlage.

Hier also Band 5. Die Spontis dichten weiter. Und fürs Frühjahr planen wir ‚Schüler-Sprüche No. 2'.

Also, Leute, schreibt uns weiter; wir sind dankbar für jede Einsendung.

Und wer ihm begegnet, soll bitte die Nachricht übermitteln: Ödipus! Ruf dringend Deine Mutter an!

Einen Schönen Gruß vom ‚Verlag mit der Fliege', Eduard Moriz

A

Aber das bedenke stets:
Wie man's treibt, mein Kind,
so geht's.

Ach wie gut, daß niemand weiß,
daß ich auf den Kanzler scheiß.

Alleinsein wäre nicht so übel,
könnte man es mit jemand teilen.

Als Gott die Männer schuf, war sie himmelblau.

Auch aus quadratischen Radios
kann man Rundfunk hören.

Auch der kleinste Bikini ist aus dem Stoff, aus dem die Träume sind.

Auch die größten Vegetarier beißen nicht gern ins Gras.

Auch dieser Füller ist kein Knüller.

Aus is, ich stürz mich aus dem Kellerfenster.

B

Bausparkasse Wüstenschrott.

Beim ersten Knall tut's immer weh, danach nie wieder.

Bei mir kann jeder machen,
was ich will.

Bescheidenheit ist die Kunst,
andere herausfinden zu lassen,
wie wichtig man ist.

**Besser lange Beine
als Langeweile**

**Besser 'ne Canneloni
als 'ne
Wanne Eickel.**

Besser 'ne Gummipuppe
als gar kein Sex.

Besser 's Glied steht
als im Glied stehen.

Bewußte Raucher trinken Filterkaffee.

Billige Sofas setzen sich mehr und mehr durch.

**Bin auf der Suche nach mir selbst und daher vorübergehend nicht anzutreffen.
Was bis dahin wie ich aussieht, ist nur meine Verpackung.**

Bleib wie du bist, und ändere dich täglich.

**Bombe.
Die zündende Idee.**

Bündnisse schließt man nur zum Zwecke eines Krieges.

D

**Da steht ein Atompilz.
Warum pflückt den keiner?**

Das Fleisch war willig. Aber das Gras war naß.

Das ganze Geheimnis, sein Leben zu verlängern, besteht darin, es nicht zu verkürzen.

Das Herz vor Freude schneller puckert, wenn man die Frühstückseier zuckert.

Das Leben ist hart. Ich auch.

Das Leben ist zu kurz,
um einen schlechten Wein zu
trinken.

Denke doch nicht ständig an mich,
ich will auch mal alleine sein.

Den Sonnenschein gibt's nicht
allein dank dem Vorhandensein
von Sonne. Er ist vielmehr
direkte Folge des Nichtvorhanden-
seins von Wolke.

Der Baum hat Äste,
das ist das Beste.
Denn wäre er kahl,
dann wärs ein Pfahl.

Der Frieden kann bei uns nicht
ausbrechen, weil er viel zu
gut gesichert ist.

Der Henker hat einen atemberaubenden Beruf.

Der Mensch hat die Atombombe erfunden — keine Maus auf der Welt würde auf die Idee kommen, eine Mausfalle zu konstruieren.

Der Mensch sollte nicht gesünder leben als ihm guttut.

Der Mensch wird als Nudist geboren.

Der liebe Gott sieht alles — die Nachbarschaft noch mehr.

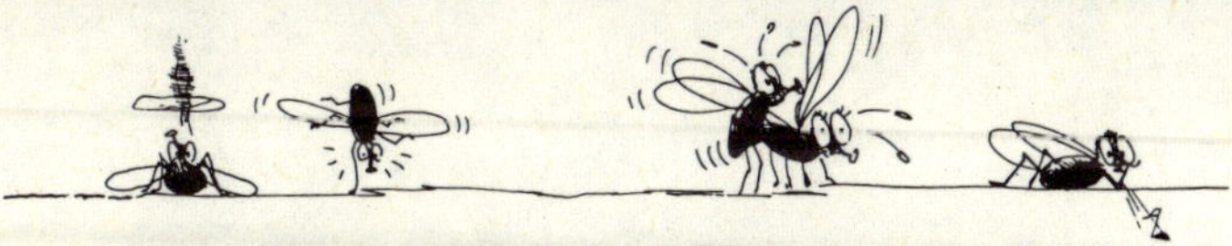

Der Televisor im Haus erspart den Zimmermann.

Der Tierschutz ist für alle Tiere, der Zivilschutz ist nur für die Katz.

Die beste Möglichkeit, Träume zu verwirklichen, ist aufzuwachen.

Die Bonzenlady braucht kein Seehundbaby.

Die einen sind ein Gedicht, und aus den anderen kann man sich keinen Reim machen.

Die Lage ist hoffnungslos, aber nicht ernst.

Die schwierigste Turnübung ist, sich selbst auf den Arm zu nehmen.

Die Popper sterben aus — Gott sei Punk!

Die Sonne lacht, die Sonne sticht,
der Doofe muß zur Mittagsschicht.

Die Pershing fällt nicht weit
vom Stützpunkt!

Die USA haben den Weg von der Barbarei zur Dekadenz ohne den Umweg über die Kultur gewählt.

Die Welt wäre schon gut,
wenn nur die Leute was taugten.

Die Zukunft ist auch nicht mehr
das, was sie einmal war.

Du hast mir meine Zeit gestohlen!
Gib sie mir wieder . . .

Dummheit schützt vor Reichtum
nicht.

Du redest dauernd vom Urlaub.
Wir haben nicht mal das Geld
zum Daheimbleiben.

Du sollst nicht flöten!

E

Edding-Power macht die Rheinbahn sauer.

Edel sei der Mensch, hilfreich und dumm.

Egoist — ein unfeiner Mensch, der sich für sich selbst mehr interessiert als für mich.

Einem geschenkten Panzer schaut man nicht in die Kanone.

Einer für alle. Und nichts für ungut.

**Einer für alle,
sagte einer von vielen.**

**Eines der gefährlichsten
Geräusche, die man machen kann,
ist laut denken.**

**Eines Tages wird der Mensch
noch ohne sich auskommen,
wenn der Fortschritt weiter so
fortschreitet.**

**Eine Zahnbürste gehört zu den
putzigen Geschenken.**

Ein toter Soldat hat viel von seiner Gefährlichkeit verloren.

**Ein Mann ist zuviel,
mir genügen mehrere.**

Elektriker sucht Kontakt.

**Entwicklungshilfe ist,
das Geld der Armen der reichen
Länder an die Reichen
in den armen Ländern zu geben.**

Erstes Anzeichen für den Tod ist die Geburt.

**Erst schaffen sie den Waldweg —
dann schaffen sie den Wald weg.**

**Erwachsen ist, wenn oben nichts
mehr dazukommt.**

Erstes Anzeichen für den Tod ist die Geburt.

**Es geht alles vorbei —
vieles kommt wieder.**

**Es gibt Dinge, über die spreche
ich nicht einmal mit mir selbst.**

**Es gibt keine größeren Fehler
als die der anderen.**

Es gibt viel Huhn —
backen wir's an.

**Es gibt Leute, die reden und reden
und reden, und schaffen es doch
nicht, all das zu sagen,
was sie nicht wissen.**

**Es gibt mehr alte Trinker
als alte Ärzte.**

Es hat mancher ein gutes Gewissen bloß, weil er's nie braucht.

Es ist ärgerlich, wie oft man manche Arbeit aufschieben muß, ehe man sie endgültig vergessen hat.

Es ist besser, eine Kerze anzuzünden, als über Dunkelheit zu meckern.

Es redet keiner dümmer als er ist.

Es wird immer komplizierter, einfach zu leben.

Ewing währt am längsten.

F

Fahr defensiv. Kauf dir einen Panzer.

Fahrt mich irgend-wohin — ich werde überall gebraucht.

Fang doch los!

Faulheit ist die Angewohnheit, sich auszuruhen, bevor man müde ist.

Freiheit ist viel mehr als man darf.

Frieden ist nur eine Frage der Aufrüstung.

Friends are born, not made.

Früher nannte man es Pest, heute heißt's Industrie.

Früher rülpste ich nach einer Mahlzeit — heute tue ich es bereits davor.

Früher war ich jung und hübsch, heute bin ich nur noch und.

Follow your dreams wherever they lead.

Früher war es so geregelt,
daß der Fürst die Fürstin vögelt.
Heute ist es so verzwickt,
weil alles durcheinander fickt.

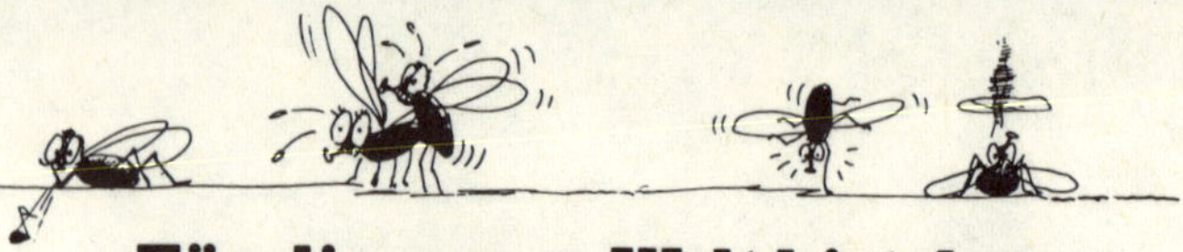

Für die ganze Welt bist du irgend jemand, doch für irgend jemand bist du die ganze Welt.

Für Freiheit, Gleichheit und Freibier.

Füttert eure Kinder mit Knoblauch, dann findet ihr sie im Dunkeln.

G

Geld macht nicht glücklich, aber man wird besser mit dem Unglück fertig, wenn man nicht arm ist.

Geile mit Weile.

Gescheit, gescheiter — gescheitert.

Gibt es ein Leben vor dem Tod?

Glück ist das einzige, was man verschenken kann, ohne es selbst zu besitzen.

God save our marihuana.

Godot, komm zurück! Alles ist verziehen!

Guter Staat ist teuer.

Gummibärchen wehrt Euch!
Beißt zurück!

Gut Ding will Galle haben.

H

Hab ich Unrecht heut getan, geht's dich, lieber Gott, nichts an.

Halte deine Stadt sauber,
geh mit dem Müll in den Wald.

Hast du einen Dauerauftrag,
kannst du ruhig sterben.

Hast du Haschisch in der Blutbahn, kannst du balzen wie ein Truthahn.

Hast du Zahnpasta im Ohr, kommt dir vieles leiser vor.

Hat Soft-Eis heute noch Zukunft?

Heute muß man seine Leute motivieren, anbrüllen allein nützt nichts mehr.

Hier bin ich Mensch, hier sink ich ein.

Hoch die Rüstung, damit sie nicht mehr runter kann.

Homosexualität ist sicherer als die Pille.

Hotdogs beißen nicht.

I

Ich bin Atheist — Gott sei Dank.

**Ich bin häßlich.
Wie gut, daß mein Partner beim Wichsen nicht so genau hinguckt.**

Ich bin klein, mein Herz ist müd, soll niemand drin wohnen als Monoxyd.

**Ich bin schön, intelligent,
klug und gebildet,
doch das Beste an mir
ist meine übergroße
Bescheidenheit.**

**Ich bin so, wie ich bin.
Einmal so, einmal so.
Aber immer ich.**

**Ich finde alles öde und bring
es jetzt aufs Fundbüro.**

**Ich geh kaputt.
Statt joggen.**

Ich kam, sah und verlor.

**Ich liebe Politiker
auf Wahlplakaten:
tragbar, geräuschlos, leicht zu
entfernen.**

**Ich liebe die Menschheit,
aber ihre Leute hasse ich.**

**Ich muß jetzt in den Birkenwald,
denn meine Pillen wirken bald.**

**Ich schlafe abends früh ein,
und morgens stehe ich spät auf,
aber am Nachmittag liege ich
stundenlang wach.**

Ich werf mich hinter'n Zug.

**Ich wollte glücklich sein und
bekam eine neue Einrichtung.
Ich wollte Liebe und bekam
Spielzeug.
Ich wollte Freunde und bekam LSD.
Ich wollte leben und starb.**

**If you don't understand my silence
you wont't understand my words.**

Im Märzen das Heere die Pershing bestellt.

Immer zu müssen ist genauso schlecht wie nie zu dürfen.

In der Realität ist die Wirklichkeit ganz anders.

Irren ist männlich.

Ist eine Heilanstalt ein Internat für junge Nazis?

Ist Radioaktivität das Gegenteil von Fernsehmüdigkeit?

Ist das Gleichberechtigung, wenn hier alle auf das gleiche reinfallen?

Ja, auch du warst mal Flüssigkeit.

Jahrelang habe ich am Hungertuch genagt. Dann hatte ich es satt, ich stopfte den ganzen Lappen auf einmal in den Mund.

Jeder dumme Junge kann einen Käfer zertreten. Aber kein Professor dieser Welt kann einen herstellen.

Jede Übertreibung käme der Realität näher.

Je mehr man sich vergißt, desto besser erinnern sich später die anderen.

Jetzt kommen noch die sieben mageren Jahre, dann hört die gute Zeit auf.

Juhu, ich hab ein Haar auf der Brust. Ich bin ein Bär!

Kein Abriß unter dieser Nummer.

Keiner ruft auf, alle gehen hin.
(taz-Überschrift)

Kirschgelee aufs Kanapee.

Kleptomanie ist die Sucht der Geschickten.

Kommt Zeit, kommt Rat. Kommen Zeiten, kommen Ratten.

Kondolieren ist gratulieren, wenn jemand gestorben ist.

Kräht der Maulwurf auf dem Dach, liegt der Hahn vor Lachen flach.

**Kreislaufschwierigkeiten?
Lauf gradeaus!**

Krieg im Westen, Folter im Osten, Hunger im Süden, Verseuchung im Norden — wir bräuchten eine fünfte Himmelsrichtung.

Kuli ist gut — Kohl ist besser.

L

**Lache, und die Welt wird mit dir lachen.
Schnarche, und du schläfst allein.**

Langeweile ist anstrengend.

**Laßt die Wutz raus,
Freiheit für alle Koteletts.**

Langsam, ich habe es eilig.

Leg Dich hin, ich glaube, ich liebe Dich.

Lehrstelle oder arbeitslos? Einstellungssache.

Leihe dir Geld immer von Pessimisten. Die erwarten nicht, daß man es zurückzahlt.

Liebe deinen Nächsten so schnell, wie du kannst.

Lieber breit grinsen als schmal denken

»Let's go West!«
(Aufschrift auf SS 20)

Liebe deinen Nächsten
wie dich selbst.
Aber laß dich dabei
nicht erwischen.

Lieber Aquavit als Aquaplaning.

Lieber aussteigen als eingehen.

Lieber barfuß als ohne Buch.

Lieber begehrt als bekehrt.

Lieber Breakdance-Fieber
als Schüttelfrost.

Lieber breit grinsen
als schmal denken.

Lieber cool als Kohl.

**Lieber die Maria küssen,
als mit Franz zu Thyssen müssen.**

**Lieber die Pille
als gar keine Chemie.**

Lieber ein Ekzem am After als ein deutscher Burschenschafter.

**Lieber ein Leben lang feige
als ein Leben lang tot.**

**Lieber eine Nacht voll Schatten
als ein Tag mit Nebel.**

Lieber eine Tolle im Haar
als eine Schüchterne im Arm.

**Lieber eine Sauklaue
als einen Klumpfuß.**

Lieber ein Floh im Ohr
als 'ne Wanze im Telefon.

Lieber Elektric-Boogie
als gar keinen Strom.

Lieber ein Lied auf den Lippen
als ein Pfeifen im Ohr.

Lieber ein linker Vogel
als ein rechter Strauß.

Lieber ein Zepter in der Hose
als eine Krone im Mund.

Lieber ein Jugendlicher, der nie eine richtige Arbeit hatte, als ein Arbeiter, der nie eine richtige Jugend hatte.

Lieber ein Loch in der Hose als ein Gewitter im Anzug.

Lieber fettige Haare als 'nen schleimigen Charakter.

Lieber Glück im Unglück als Pech in der Strähne.

Lieber Häuser bauen
als Bunker renovieren.

Lieber Herr Präsident! Wir lassen uns nicht erlauben, was niemand uns verbieten kann.

Lieber hinten als gar nicht.

Lieber keinen eigenen Fernseher
als gar kein Familienkrach.

Lieber kurz und lustig leben,
als lange und gar nicht.

Lieber lang und kurz
als dick und dünn.

Lieber Lohnausgleich
als Lohn gleich aus.

Lieber mal auf dem Kopf stehen
als immer flach liegen.

Lieber mit Che in die Wüste
als mit Strauß ins Schlaraffenland.

Lieber mit dem Kopf durch die
Wand als gar keine Fenster.

Lieber Mitglied
in der CDU
als ohne in der SPD.

Lieber Pac-Man als V-Mann.

Lieber 'n Bauch vom Fressen
als 'n Buckel vom Arbeiten.

Lieber 'ne
heiße Liebe
als 'n kalten Krieg.

Lieber öfter glücklich
als einmal verheiratet.

Lieber Polypen in der Nase
als vor der Tür.

Lieber schräge Typen
als kein Farbband.

Lieber Sponti-Bücher lesen
als gar keine Bildung.

**Lieber sterilisiert
als homogenisiert.**

**Lieber total fertig
als unvollendet.**

Lieber warme Soldaten als kalte Krieger.

**Lieber zwei Hände zum Aufstützen
als drei zum Arbeiten.**

**Life is Xerox —
you're just a copy.**

**Love is easy to find and easy
to lose. But it isn't easy to
forget.**

M

Mach’s gut, aber nicht so oft.

**Mach’s wie ’ne Ente:
oben ganz ruhig,
unten stark rudern.**

**Macht ist immer lieblos,
Liebe niemals machtlos.**

Mal mir einen Regenbogen!

**Mammiii — der Mann mit dem
Koks ist da.**

**Manche Menschen halten zehnmal
leichter eine Rede
als einmal ihr Wort.**

Mach das Licht an, ich hör nix.

**Manchen Menschen fehlen nur
noch einige Laster,
um vollkommen zu sein.**

**Mancher ist so überzeugt,
daß er gar nicht weiß, wovon.**

Manche sehen nur von hinten so aus, als ob sie von vorne schön wären.

**Man kann nicht alles auf einmal
tun.
Aber man kann alles auf einmal
lassen.**

Man lebt, nimmt eine Frau
und stirbt.

Man umgebe uns mit Luxus, auf das Notwendigste können wir verzichten.

Man will ja gern seinen Nächsten
lieben, aber doch nicht den
Nächstbesten.

Marx ist die Theorie,
und Murx ist die Praxis.

Masturbation ist Sex mit jemandem, den man liebt.

Micky Maus
ist eine Ratte!

Mißtrauen ist die Axt am Baum der Liebe.

Müde bin ich, geh' zur Heia,
leg' die Hände auf die Decke.

Muß i Müsli mögen?
Mösli mag i lieber.

N

Nach dem Dritten Weltkrieg kann niemand mehr bis vier zählen.

Nennt eine Frau dich
Weihnachtsmann,
dann geh ins Bett und wein
nachts, Mann.

Nervöse Menschen bleiben
schlank:
Fingernägel haben wenig
Kalorien.

Nicht jeder, der etwas an die
große Glocke hängt,
ist deswegen ein Glöckner
von Notre-Dame.

Nicht jeder,
der mit Leib und Seele
bei der Sache ist,
arbeitet mit dem Kopf.

Niemand liebt mich,
ich gehe jetzt Regenwürmer essen.

Nichts hindert einen so sehr daran, natürlich zu wirken, wie der Wunsch, es zu tun.

Nobody for president!

Nur der kann seinen Verstand verlieren, der vorher einen hatte.

O

Obwohl ich seit geraumer Zeit im Kreis laufe, ecke ich doch immer wieder an.

Odografi is drifial.

Ödipus, Du sollst Deine Mutter anrufen!

P

Pigs ins Weltall.

P$eudos.

R

Rache ist süß und macht nicht dick.

**Radikaler — ein Mann,
der mit beiden Beinen fest in
der Luft steht.**

Rauchen filtert Dioxin.

Reden wir nicht drüber, trinken wir einen drauf.

Reich mir ein Taxi!

Rettet die Wale, harpuniert die Hondas.

rrrh — 7.00 Uhr — aufstehen — Widerstand!

Rüstet ab, statt Spray lieber Pinsel.

S

Sage mir, was du von mir denkst, und ich sage dir, was du mich kannst.

Saubere Luft für die Kinder — entschwefelt die Hochbetten.

**Sei ehrlich —
bring dich um.**

Selber eingebrockt, selber gefressen, selber geschissen.

Selten dumme Menschen sind nicht selten, aber dumm.

Sex ist die Kraft, die Revolution macht.

Sich in Sicherheit wiegen heißt sich selbst verschaukeln.

Sich umbringen ist eine verdammt echte Lebensäußerung.

Sich zu Tode zu arbeiten ist die einzige gesellschaftlich anerkannte Form des Selbstmordes.

**So ist das, es ist eben so.
Aber warum ist das so?
Und muß das so sein?**

**Spare in der Not,
dann paßt du in die Zeit.**

**Spart Strom — es gibt Dinge,
die man genausogut im Dunkeln
erledigen kann.**

**Scheiß Fete, wenn ich meine Hose
finde, geh' ich.**

Schiebung macht den Meister.

**Schlucke Ärger ruhig runter —
man wird nicht dick davon.**

**Schmiede das Eisen wie dich
selbst, und liebe deinen Nächsten,
solange er warm ist.**

Schwarz ist dicker als grün.

Schwerter zu Bierkrügen.

Stell dir vor, du bist ein Elefant, und keiner glaubt's.

Stell dir vor, du kaufst Ochsen, und die geben Milch.

**Stell dir vor,
es gibt den Frieden,
und alle sind im Krieg.**

 **T**

Teer entfernt alles — auch Fleckenmittelflecke.

Träume sind Schäume — bade drin.

Türken rein!
Raketen raus!

Tura lura lura lu.
Ich bin ich. Und was bist Du?

U

Umarmen können wir uns nicht selbst.

Umweltschutztip:
Fahrkarten mehrmals benutzen.

Unser Atem hat Instinkt:
dauernd verduftet er.

Unser Verstand ist ein Beweis
für den Humor des lieben Gottes.

Unter den Linken gibt es viel
mehr Kopien als Originale.

V

Verkehrschaos —
von Moskau gesteuert.

Vervielfältigung ist insofern
ein Fortschritt,
als sie die Verbreitung
des Einfältigen ermöglicht.

Video macht Kinder froh . . .

Viele Amis sind der Beweis,
daß die Indianer Büffel
gebumst haben.

Viele Reiche sind arme Teufel
mit viel Geld.

Vorsicht: einige Klugscheißer
haben Ideendurchfall.

Vorschuß ist aller Laster Anfang.

W

Wärst du mein Ohrenschmalz, nie mehr würde ich Wattestäbchen benutzen.

Warum ist es so schwierig, die Intoleranz zu tolerieren?

Was du morgen kannst besorgen, das verschiebe nie auf heute.

Was furchtbar ist, allein ist wahr.

Was man nicht erfliegen kann, muß man sich erhinken.

Was tun mit meinem Mutterkomplex? Mammi will nicht!

Was uns in Schwung hält, sind Schwierigkeiten.

Was wohl die Ägypter zum Vermummungsverbot gesagt hätten?

Weg mit den Reagenzgläsern! Freiheit für die Retortenbabys!

Weil die Klugen immer nachgeben, regieren die Dummen die Welt.

Wem es bestimmt ist,
nur zwei Tage zu leben,
der wird auch keine drei Tage alt.

Wenn die Milch nach Krypton
schmeckt,
hat's im Kernkraftwerk geleckt.

Wenn du mich in deinem Schmalz
meine Küchle backen läßt,
dann darfst du in meinem Kraut
deine Knöchle kochen.

Wenn du nicht kommst, schmeiß ich dich raus.

Wenn du's jemandem nicht ins
Gesicht sagen willst,
sag's hinter seinem Rücken.

**Wer das Gras wachsen hört,
ist langweilig.**

**Wenn einem etwas zu nahe geht,
ruft man: das geht zu weit.**

**Wenn ich du wäre, wäre ich
lieber ich.**

**Wenn ich ein Vöglein wär,
flög ich zu dir.
Weil ich aber kein Vöglein bin,
vögel ich hier.**

**Wenn ich mich von dir löse,
ist das eine Lösung?**

Wenn jeder an sich denkt, ist an alle gedacht.

**Wer den Pfennig nicht ehrt,
hat einen Hang zum Großgeld.**

**Wer Glauben schenkt,
ist ihn los.**

**Wer Gott statt in der Kirche
in der Natur sucht,
der soll sich auch vom Oberförster
beerdigen lassen.**

Wer Kraft hat, hat auch Narben.

**Wer kriecht,
kann nicht stolpern.**

**Wenn jemand, den du nicht kennst
und der dich nicht kennt,
dir von etwas erzählt, was
er nicht kennt,
dann bist du in einer Kirche.**

Wer nachts in einem Flußbett pennt, am Morgen naß nach Hause rennt.

**Wer seinen Bruder nicht liebt,
den er sieht,
wie kann er Gott lieben,
den er nicht sieht?**

**Wer sich nicht einmal am Tag irrt,
ist entweder dumm
oder phantasielos
oder hat vom Tag nichts gehabt.**

Wer stöhnen will, muß bumsen.

Wer sündigt, schläft nicht.

Wer tagelang ohne Getränke auskommt, ist ein Kamel.

Wer wagt es, sich den daherdonnernden Zügen entgegenzustellen? Es sind die kleinen gelben Blümchen zwischen den Gleisschwellen.

Wer zuletzt lacht, hat's nicht eher begriffen.

Wetten, daß nicht jeder, der wettet, auch gewinnt?

Wie du dir, so ich mir.

Wie du mir — so ich anderen.

Wie lange noch ist Grün die Farbe der Hoffnung.

Wie man sich bildet,
so versagt man.

Wir Amerikaner schießen erst dann, bevor die Russen geschossen haben.

Wir besitzen nichts,
aber wir haben irre was zu lachen.

Wir können uns schon benehmen. Wir machen bloß selten Gebrauch davon.

**Wir sind wieder wer
aber wer
und vor allem wieder
und wieso immer wir?**

**Wir wollen Energie sparen.
Dafür lieben wir langsamer.**

**Wir springen mit unserer Erde um,
als hätten wir noch eine im
Kofferraum.**

Wissensdurst ist die flüssige Form von Bildungshunger.

Wo die Lenden enden, ist aller Laster Anfang.

Wo kämen wir hin, wenn jeder sagte, wo kämen wir hin, und keiner ginge um zu schauen, wo wir hinkämen, wenn wir gingen.

Wut macht Mut.

Z

Zahnlose haben größere Zungenfreiheit.

Zeig mir deinen Grabstein, und ich sage dir, wer du warst.

Zieht dem Baghwan jetzt den Sack lang.

Zucker ist das, was dem Kaffee einen herben Geschmack verleiht, wenn man vergißt, ihn hineinzutun.

Ciao mit Au!

Mehr muß der Spaß nicht kosten.
Javaanse Jongens.
Als Milder 4,30 DM. Als Halfzwarer 4,50 DM. Als Sterke Shag 4,30 DM. Für ca. 50 frische Drehs aus Holland.
JAVAANSE JONGENS
MILD
CIGARETTENTABAK

Ab hier lieferbare Eichborn-Bücher

Erotisch-literarisch
Louis Aragon schrieb den laut Albert Camus: »schönsten, aller erotischen Texte!« unter Pseudonym. »Diese literarische Kostbarkeit« (Francois Bondy) in **edler Ausstattung mit Büttenumschlag, kostet zurückhaltende 24,80 DM** (0121)

Dorf-Erotik
Der Leichengräber des Dorfes ist zugleich der potente Hurenbock und Philosoph. Ein drastisches Bild vom Leben auf dem Lande: Brutale Romantik, unerhörte Geschichten, schamlose Gelächter und verschrobene Weisheit.
Trotzdem nur 24,80 DM (0117)

Lachende Herzen
Gedichte, melodiös und frech wie Lieder. Einfach, intensiv, nachdenklich und ganz ohne Aggression. Zarte Illustrationen von Gesine von Loesch. Ein schön ausgestatteter Band. Gutes, schweres Papier. — Ein liebes Geschenk. Wirklich!
12,80 DM (0303)

Revolte in Röcken
Der berühmte Dylan Thomas (»Unter dem Milchwald«) hat diesen Roman als Filmvorlage geschrieben. In rasanten Szenen werden die aufrührerischen Umtriebe walisischer Bauern und Edelleute geschildert, die die Ausbeuter das Fürchten lehren. Und das alles in malerischen Frauenkleidern.
24,80 DM (0119)

Krieg, nein!!!
Walter Widmer: »Der entsetzlichste, erschütterndste Protest, der je gegen den Krieg erhoben wurde.« Wir fördern Johnny mit allem Nachdruck, weil es »das radikalste Anti-Kriegs-Buch ist, das je geschrieben wurde« — Ivan Illich.
Nur 18,— DM (0112)

Geheimtip: Liebe
Seit Jahren geierten Verlage nach ihren Texten. Uns hat sie sie anvertraut. — Frederike Frei schreibt sinnlich von Sinn und Unsinn der Liebe: Texte und Gedichte zum Abheben. — Mehr als ein Geheimtip! Illustriert, **12,80 DM** (0309)

Bürokraten-Schreck
An alle Bürger dieser Republik: Besorgt euch dieses Überlebensbuch gegen Bürokratenwillkür und Datenverarbeitung. Es liefert wirkungsvolle Tricks und Tips zum Ärgern der Beamtenseele. Das ist konstruktive Subversion, wie wir sie lieben. — Für alle, denen die verwaltete Welt stinkt.
10,— DM (1019)

Spick dich durch
Jede Menge Zoff / für Studienrat und Prof. Erste, einzige und ausführliche Anleitung zum Schummeln, Spicken und Vortäuschen von Prüfungswissen. Ein Buch, das jeden Notendurchschnitt sprunghaft verbessert. Listig, lustig, raffiniert. Schülerfreundlicher Preis: **10,— DM** (1024)

Schüler-Power
So werden Lehrer auf Trab gebracht! Jede Menge Tips, Hinweise, Handlungsanleitungen, Strategien und Gemeinheiten, wie man dumpfautoritäre Lehrkörper unter Streß setzt. **Das Lehrbuch für die effektive Schüler-Notwehr; nur 10,— DM** (1030)

Alles Klaro?
Der große Durchblick für alle Freaks, Spontis, Schlaffis, Softis, Flipper und Hänger sowie deren Verwandte und sonstige Fuzzis. Spitze — dieser Grundwortschatz für läppische **10,— DM** (1088)

Bockstarke Märchen
Das Beste, was je in Scene-Sprache geschrieben wurde. 12 Grimmsche Märchen: Sterntaler auf'm Wahnsinnstrip, Frau Holle wedelt die Rheumadecken aus, eine Emanze erzählt Froschkönig etc. **Das ganze super (!) illustriert, 12,80 DM** (1811)

Mach's voll
Der tolle Einband vonne »Toten Hose« gefüllt mit schönen, leeren, weißen Seiten. Zum Reinschreiben, Vollmalen & -kleben. Schreib' Dir Dein Buch selbst. **5,— DM** (9041)

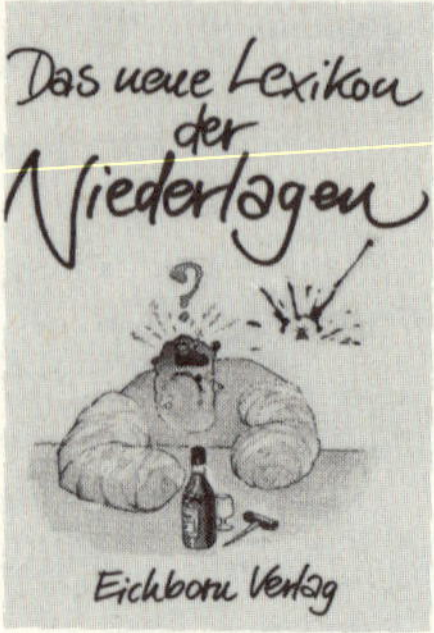

Schadenfreude
Die irrsten Flops, die genialsten Versager — hier sind sie versammelt. Massenhaft Schadenfreude von der besten Sorte! — Der Westdeutsche Rundfunk urteilt so: »Seit das Lexikon der Niederlagen erschienen ist, kann das Guinness-Buch der Rekorde einpacken.«
16,80 DM (1082)

Freches Volksmaul
Eine Sammlung, die es bisher nicht gab: derbe, aufmüpfige, listige, zweideutige, gescheite, erfrischende, aggressive und lustige Sprichwörter. — »Wenn die Zähne weg sind, hat die Zunge freies Spiel!« Stimmt doch. Oder? — Über 1200 schnodderige Sprichwörter.
16,80 DM (1083)

Heimzahlen
Das Lexikon gegen Chefs und andere Ärgerlinge: denn Rache ist süß. Wir bieten massenhaft praktische Rezepte, wie man Bösewichtern ihre Gemeinheiten wirkungsvoll heimzahlt. Lesen und in Vorfreude schwelgen! **Viel Rache für nur 16,80 DM** (1087)

»Was nicht im Blockhaus und im Großen Seyer steht.«

Der neue Trend
Die subversive Welle rollt, Jetzt geht's Bürokraten, Bonzen, Machtfetischisten, Ausbeutern, Computern, der Kulturmafia und anderen Wichtigtuern ans Leder. Das subversive Lexikon, pickepacke-voll mit erlebter, erprobter + erlogener Action, das deine Phantasie beflügelt. **16,80 DM** (1084)

Heilsame Lektüre
Vorurteile sind Schwachsinn, der tödlich enden kann. Es gibt harmlos blöde Vorurteile: »Blondinen sind dumm.« Und grauenerregende, die in Auschwitz mündeten. Hier stehen Hunderte absolut gebräuchliche Vorurteile beisammen. Heilsame Lektüre, die hin- und herreißt zwischen Entsetzen und Lachkrämpfen.
16,80 DM (1080)

Wollschon gibt Saures
Deutsche Spitzenpolitiker und »diese ihre« Gesellschaft tunkt Wollschon von A bis Z in den Kakao. Da ist echt die Sau los. Durchlesen, sich die Hucke voll lachen und die besten Wollschon-Gemeinheiten bei der nächsten Fete zum besten geben. — Ein Mehrzweckgenuß für hartgesottene Zyniker.
16,80 DM (1081)

Gag-Englisch
Die Kunst der Englisch-Verballhornung greift epidemisch um sich. Wir liefern das erste Buch zur neuen Seuche; mit den besten Gags und vielen Zeichnungen. — Los geht's: Laden Sie ihre Freunde zur »Gockel-Schwanz«-Party (Cocktail) ein! **10,— DM** (1810)

Da lacht die Scene
Der alltägliche Wahnsinn treibt die Lachtränen aus den Augen, wenn Rauschenbach sich mit seinen Karikaturen drüber hermacht. Der Zeichner aus der Scene liefert hier sein Bestes. **Mit detailliertem Verhandlungsszenario zur Anbahnung des Beischlafs:** Trotzdem nur **10,— DM** (1809)

Total verkalkt
Bis die Alten was schnallen, ist so'n Teeny dem Zusammenbruch nahe. Echt! — Lustige Bildgeschichte hart an der Realität. Jeder Streich ein Volltreffer — und Zeichner Rauschenbach in Top-Form. Für **nur 10,— DM** hilfst Du dem Pappi auf's Fahrrad. (1812)

»Konditionstraining für die Lach-Muskulatur.«

Eine Leseorgie
Hier wird das komplette Alte Testament rasant runtererzählt. Mit Spaß und Spannung, »Sex and Crime«, für Christen und Nichtchristen. »Dieser unheilige Knüller« (Münchner Merkur) »fasziniert wie ein Gute-Nacht-Krimi« (Die Zeit). Der neue Weg zur alten Bibel, 848 heitere Seiten lang.
Nur 16,80 DM (0100)

Sonderheft — 8 Mark
Spaß und Frechheiten aus der Sponti-Scene; hier ist's vehement aufgemischt. Sprüche, Texte, Bilder in ein großformatiges Heft gepackt. Da gibt's was zu lesen, zu gucken, zu suchen, zu finden. 80 volle Seiten nur **8,— DM** (7003)

Architekten-Phantasien
Das kann Architektur, wenn man sie nur läßt: Saurier als Wohnhaus, Mona Lisa als Scheunenwand, Cowboyhut als Schnellimbiß ... Ebert hat phantasievolle und verrückte Architekturblüten gesammelt. Farbfotos, die Laien wie Bauprofis zum Staunen bringen. Originell zum Schenken! Großformat, **durchgehend farbig; und doch nur 29,80 DM** (1709)

Die besten Merksätze aus der umfangreichen Anarchisten-Literatur. **5,— DM** (1913)

Die entlarvendsten Äußerungen unseres Herrn Innenministers. **5,— DM** (1926)

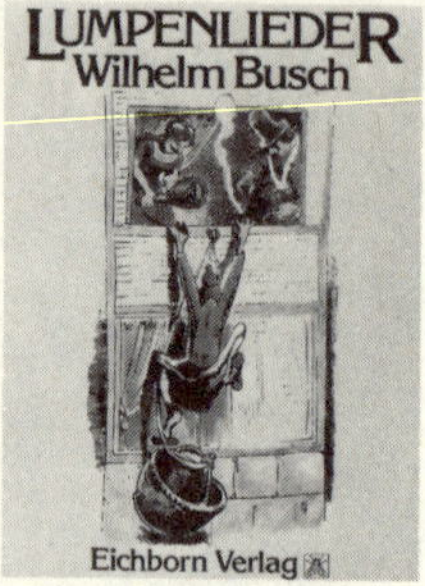

Die besten Reime vom alten Busch. Mit Zeichnungen. **5,— DM** (1905)

Heine zum Angewöhnen. Lieder und Gedichte für heute. **5,— DM** (1908)

Die treffendsten Sprüche vom Aufklärer Lichtenberg. **5,— DM** (1922)

Die deftigsten und stärksten Sprüche vom alten Luther. **5,— DM** (1917)

Brillante Bildungssplitter aus dem Gesamtwerk Nietzsches. **5,— DM** (1920)

Verleger Eichborns liebster Dichter. Genial absurd. **5,— DM** (1901)

Die saftigsten Vagantenlieder vom großen Villon. **5,— DM** (1915)

Die größte Sponti-Spruch-Sammlung aller Zeiten. 3 Bände. Alle authentisch aus Unis, Schulen, besetzten Häusern und Aborten. Die ZEIT nennt unser Werk »eine archaische Form von Literatur: Zaubersprüche der Spontis«.
Je Band **5,— DM**
(1904/1911/1921)

Die Genies produzieren weiter. Die allerneuesten Sponti-Sprüche. **5,— DM** (1929)

Die Sprüche der Scene werden immer besser. Band 5 beweist's. **5,— DM** (1934)

Es feixen die Schüler, und die Älteren erinnern sich.
5,— DM (1928)

Geniale Blödeleien mit grotesken Zeichnungen von Graf Pocci. **5,— DM** (1919)

Die verrücktesten Geistesblitze der Liebeswerbung.
5,— DM (1923)

Umwerfende Tierfotos und unverschämte Reime. **5,— DM** (1927)